总体国家安全观普及读本

GUOJIA ANQUAN ZHISHI BAIWEN

国家安全知识

百问

本书编写组

人民出版社

前　言

以习近平同志为核心的党中央高度重视国家安全宣传教育，作出一系列重要部署。习近平总书记多次作出重要指示批示，反复强调以总体国家安全观为指导，全面实施国家安全法，深入开展国家安全宣传教育。党的十九大报告指出："加强国家安全教育，增强全党全国人民国家安全意识，推动全社会形成维护国家安全的强大合力。"

国家安全，人人有责。在第五个全民国家安全教育日到来之际，为推动学习贯彻总体国家安全观走向深入，引导广大公民增强维护国家安全的责任感使命感，我们组织编写了《国家安全知识百问》这一普及性读本。全书分为全面领会总体国家安全观、维护重点领域国家安全、推动形成维护国家安全强大合力3个部分，共计110个知识点。

本书编写主要参考了《习近平关于总体国家安全观论述摘编》《总体国家安全观干部读本》《全面践行总体国家安全观》等重要读物，编写过程始终坚持政治性、思想性和通俗性的有机统一，体现党中央最新精神，反映国家安全形势新变化，紧贴国家安全工作实际，力求简明扼要、务实管用。本书对于普及国家安全教育和提高公民"大安全"意识，具有较强的针对性和实用性。

本书编写组

2020 年 4 月

C目录
ONTENTS

篇 二

★ 维护重点领域国家安全 ★

目　录
CONTENTS

篇　三

★　推动形成维护国家安全强大合力　★

篇一

全面领会总体国家安全观

坚持总体国家安全观。统筹发展和安全，增强忧患意识，做到居安思危，是我们党治国理政的一个重大原则。必须坚持国家利益至上，以人民安全为宗旨，以政治安全为根本，统筹外部安全和内部安全、国土安全和国民安全、传统安全和非传统安全、自身安全和共同安全，完善国家安全制度体系，加强国家安全能力建设，坚决维护国家主权、安全、发展利益。

——习近平 2017 年 10 月 18 日在中国共产党第十九次全国代表大会上的报告《决胜全面建成小康社会夺取新时代中国特色社会主义伟大胜利》

1 国家安全概念知多少?

国家安全法第二条规定，国家安全是指国家政权、主权、统一和领土完整、人民福祉、经济社会可持续发展和国家其他重大利益相对处于没有危险和不受内外威胁的状态，以及保障持续安全状态的能力。换句话说，国家安全内涵丰富，既指国家处于安全状态，又指国家维持这种安全状态的能力。

> **》相关知识　国家安全，离我们并不遥远！**
>
> 谈到国家安全，人们容易联想到国土安全、军事安全、反奸防谍、维稳处突等方面，觉得离自己太遥远，也没有多大关系。实际上，新时代的国家安全早已不局限于传统习以为常的"小安全"，而是涵盖政治、经济、文化、社会、网络等多个领域，是一种名副其实的"大安全"。进一步说，国家安全关乎每个人的切实利益，与我们每个人的工作、生活息息相关。

2 国家安全到底多重要？

　　国家安全是安邦定国的重要基石，维护国家安全是全国各族人民根本利益所在。习近平总书记指出，我们党要巩固执政地位，要团结带领人民坚持和发展中国特色社会主义，保证国家安全是头等大事。

安全是一个从小说到大的话题，也是最重要的话题

3 如何理解"国家利益高于一切"?

"国是千万家，有国才有家"。维护国家安全以国家利益至上为准则，这个道理很硬，毋庸置疑。国家利益拓展到哪里，国家安全边界就要跟进到哪里。国家利益是指一个主权国家在国际社会中生存需求和发展需求的总和。任何国家都存在三种基本需求：第一，确保国家生存，包括维护领土完整和保护本国公民的生命安全；第二，促进人民的经济福利与幸福；第三，保持社会制度和政府体系的自决与自主。这些要素在国家利益中居于最重要的地位，任何国家都必须加以维护。

> **❯ 重要论述**　铿锵有力的核心利益表达
>
> 2016 年 12 月，习近平总书记在主持召开中央政治局民主生活会时强调，在维护国家核心利益上敢于针锋相对，不在困难面前低头，不在挑战面前退

缩，不拿原则做交易，不在任何压力下吞下损害中华民族根本利益的苦果。

4　阴霾不散的传统安全威胁是什么？

传统安全自古有之，主要包括政治安全和军事安全，长期以来等同于国家安全。传统安全威胁一般是指国家主权独立、领土完整所面临的外部武力威胁。有学者认为，按照威胁程度的大小，传统安全威胁可分为军备竞赛、军事威胁和战争三类。

5　日益凸显的非传统安全威胁有哪些？

非传统安全威胁是相对于传统安全威胁而言的，

是指除政治安全威胁和军事安全威胁以外的其他对主权国家以及人类整体生存与发展构成的威胁，主要包括恐怖主义、跨国犯罪、环境安全、毒品威胁、重大疫情、自然灾害等。一般而言，非传统安全威胁具有跨国性、联动性、扩散性等突出特点。

》 延伸阅读 从殷鉴不远的"9·11"事件看恐怖主义危害

恐怖主义违背人类的道义和规则，严重威胁普通民众的生命安全，造成社会动荡不安，与世界人民追求和平的愿望背道而驰，是人类公敌。"9·11"事件是 2001 年 9 月 11 日发生在美国本土的一系列恐怖袭击事件，是美国本土最为严重的恐怖攻击行动，遇难者总数约 3 千人，健康受害者多达 7.5 万人。对于此次事件的财产损失各方统计不一，联合国发表报告称，此次恐怖袭击致使美国经济损失达 2000 亿美元，相当于当年国内生产总值的 2%；对全球经济造成的损害甚至达到 1 万亿美元左右。此次事件对美国民众造成的心理影响极为深远，美国民众在政治及经济上的安全感均被严重削弱。时至今日，美国民众不断反思的一个永恒话题就是："现在我们是否更安全了？"

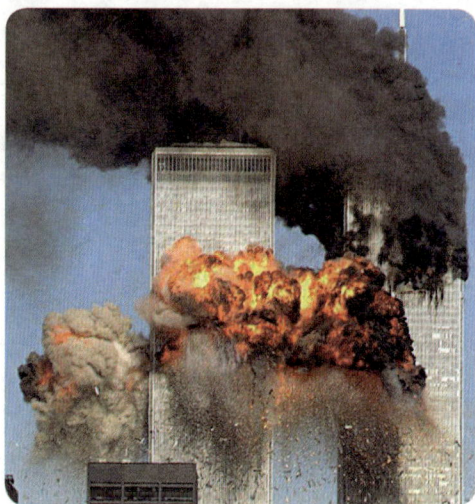

"9·11"事件现场

> **相关知识** 新冠肺炎疫情的全球大流行

2020年1月30日，世界卫生组织宣布将新冠肺炎疫情列为"国际关注的突发公共卫生事件"；3月11日，首次宣布新冠肺炎为全球性流行病。据世界卫生组织4月7日数据，全球新冠肺炎确诊病例超过 128 万例，受疫情影响的国家和地区达 200 多个。

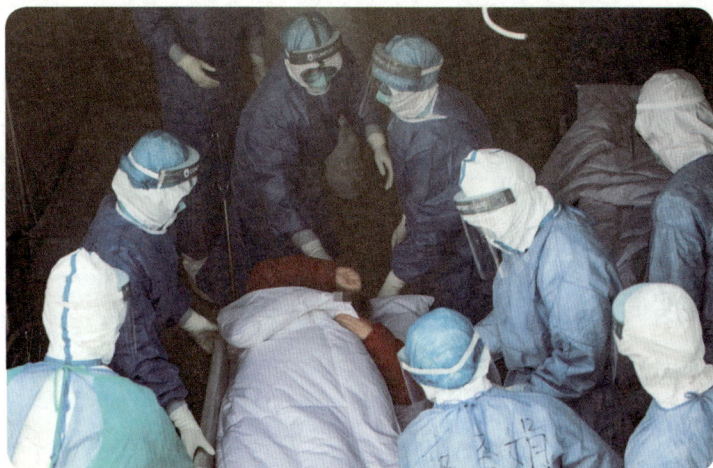

2020 年 2 月 4 日，医护人员将新冠肺炎患者转运至武汉火神山医院病房（新华社记者　肖艺九／摄）

6 中央国家安全委员会是何时决定成立的？

中央国家安全委员会，全称为"中国共产党中央国家安全委员会"，简称"中央国安委"。2013 年 11 月召开的党的十八届三中全会决定，成立中央国家安全委员会。

7 成立中央国家安全委员会缘何紧要？

习近平总书记在党的十八届三中全会作《决定》说明时指出："我国面临对外维护国家主权、安全、发展利益，对内维护政治安全和社会稳定的双重压力，各种可以预见和难以预见的风险因素明显增多。而我们的安全工作体制机制还不能适应维护国家安全的需要，需要搭建一个强有力的平台统筹国家安全工作。"

8 成立中央国家安全委员会有何重大意义？

成立中央国家安全委员会，是推进国家治理体系和治理能力现代化、实现国家长治久安的迫切要求，是全面建成小康社会、实现中华民族伟大复兴中国梦的重要保障，目的是更好适应我国国家安全面临的新形势新任务，建立集中统一、高效权威的国家安全体制，加强对国家安全工作的领导。

> **相关知识**　中央国家安全委员会设置

　　2014年1月24日，中央政治局召开会议决定，中央国家安全委员会由习近平任主席。作为中央关于国家安全工作的决策和议事协调机构，中央国家安全委员会向中央政治局、中央政治局常务委员会负责，统筹协调涉及国家安全的重大事项和重要工作。

中央政治局会议研究决定中央国家安全委员会设置

9 总体国家安全观是什么时间首次提出的？

2014 年 4 月 15 日，习近平总书记主持召开中央国家安全委员会第一次会议。习近平总书记在讲话中首次提出总体国家安全观，阐述了总体国家安全观的基本内涵、指导思想和贯彻原则。

习近平主持召开中央国家安全委员会第一次会议

10 总体国家安全观的核心要义是什么？

总体国家安全观是一个内容丰富、开放包容、不断发展的思想体系，其核心要义可以概括为五大要素和五对关系。五大要素就是以人民安全为宗旨，以政治安全为根本，以经济安全为基础，以军事、科技、文化、社会安全为保障，以促进国际安全为依托。五对关系就是既重视发展问题，又重视安全问题；既重视外部安全，又重视内部安全；既重视国土安全，又重视国民安全；既重视传统安全，又重视非传统安全；既重视自身安全，又重视共同安全。总之，厘清五大要素、把握五对关系，是理解总体国家安全观的关键所在。

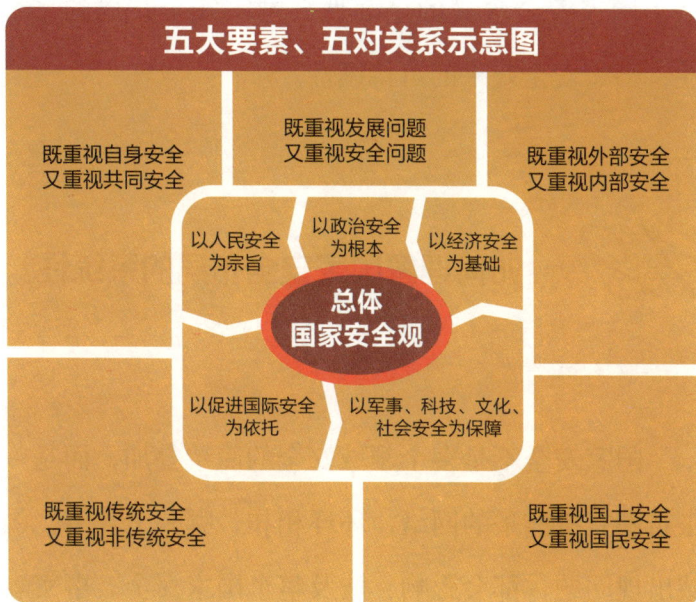

五大要素、五对关系示意图

既重视自身安全
又重视共同安全

既重视发展问题
又重视安全问题

既重视外部安全
又重视内部安全

以人民安全
为宗旨

以政治安全
为根本

以经济安全
为基础

**总体
国家安全观**

以促进国际安全
为依托

以军事、科技、文化、
社会安全为保障

既重视传统安全
又重视非传统安全

既重视国土安全
又重视国民安全

总体国家安全观的核心要义

11 总体国家安全观有哪些鲜明特征?

总体国家安全观突出"大安全"理念,强调了做好国家安全工作的系统思维,既是认识论又是方法论,既强调综合性又注重立体性,既有布局也有方法,其鲜明特征就在于"总体"二字上。"总体"揭示了国家安全含义的全面性、国家安全布局的系统性、国家安全效果的可持续性。

12 如何理解国家安全布局的系统性?

国家安全不是多个领域安全的简单叠加,而是一张布满有机链条的网络,环环相扣,哪一个环节、领域出现问题,都会影响、波及整个国家安全。事实表明,不同领域的安全相互联系、相互影响,而且在一

定条件下是可以相互转化的，具有传导效应和联动效
应。维护国家安全，不能"一叶障目，不见泰山"，
不但要维护各个领域的安全，也要维护整体和系统的
安全。

构建集多领域安全于一体的国家安全体系

13　如何理解国家安全效果的可持续性？

维护国家安全是一个动态的过程，实践在发展，

理念也要更新。可持续性不仅是经济发展的理念，也是维护国家安全的理念。正如习近平总书记所指出的："可持续，就是要发展和安全并重以实现持久安全。"国家谋求安全，不是权宜之计，而是为了长治久安。将时间作为重要变量引入国家安全的系统思考范畴，这是国家安全理论的重要创新。

> **❯ 相关知识　以可持续发展促进可持续安全**
>
> 　　建立在发展基础上的安全才更可靠、更可持续。贫瘠的土地上长不成和平的大树，连天的烽火中结不出发展的硕果。正如对亚洲大多数国家来说，发展就是最大安全，也是解决地区安全问题的"总钥匙"。

14　总体国家安全观蕴含哪些主要思维方法？

　　总体国家安全观贯穿始终的思维方法主要有战略思维、系统思维、底线思维、法治思维和创新思维。

15 如何运用战略思维谋划国家安全工作？

战略思维是指高瞻远瞩、统揽全局，善于把握事物发展总体趋势和方向。战略问题是一个政党、一个国家的根本性问题。战略上判断得准确、战略上谋划得科学、战略上赢得主动，党和人民事业就大有希望。坚持战略思维，务必明确目标、把握全局、抓住重点、着眼长远。尤其是，牢固树立国家安全工作全国"一盘棋"观念，自觉在大局下想问题、做工作。

16 如何强化做好国家安全工作的系统思维？

系统思维是指要全面地、普遍联系地观察事物，妥善处理好各种重大关系。思考和处理国家安全问题，要讲究"十个指头弹钢琴的艺术"，通盘考虑基本国情、发展阶段、综合实力水平以及大国博弈关系"四个维度"。

17 如何增强做好国家安全工作的底线思维？

底线思维是指客观地设定最低目标、立足最坏情况、争取最大期望值来思考、谋划和推动工作的思想方法。习近平总书记多次强调："要善于运用'底线思维'的方法，凡事从坏处准备，努力争取最好的结果，这样才能有备无患、遇事不慌，牢牢把握主动权。"习近平总书记围绕总体国家安全观提出的重要观点、重大判断和重大举措，都是着眼于破解难题、攻克难关、解决国家安全工作深层次问题来展开的。比如，习近平总书记反复指出："各种风险我们都要防控，但重点要防控那些可能迟滞或中断中华民族伟大复兴进程的全局性风险，这是我一直强调底线思维的根本含义。"提高底线思维能力，就是要始终保持清醒头脑，认清"天下并不太平"这个现实，增强忧患意识，居安思危、未雨绸缪，做好应付最坏局面的准备。

> **相关知识**　**防风险要一以贯之**

"安而不忘危，存而不忘亡，治而不忘乱。"我们党生于忧患、成长于忧患、壮大于忧患。2018年1月5日、2019年1月21日，习近平总书记连续两次向省部级主要领导干部谆谆告诫，务必把防范化解重大风险提上首要位置。防范化解重大风险，摆在"三大攻坚战"的首位，是中华民族实现伟大复兴必须跨越的关口。

18　如何运用法治思维和法治方式开展国家安全工作？

法治思维是将法律作为判断是非和处理事务的准绳，它要求崇尚法治、尊重法律，善于运用法律手段解决问题和推进工作。依法维护国家安全，是全面依法治国的组成部分，是新时代实现党和国家长治久安的重要保障。面对新形势新任务，要善于运用法治思维和法治方式开展国家安全工作，全力推进中国特色国家安全法律制度体系建设，全面提升国家安全工作的法治化水平。

19　如何提升国家安全工作创新能力？

创新能力是指善于审时度势、因时制宜、迎难而上，注重发挥新思路、新理论、新方法的引领作用来开展工作。创新是引领发展的第一动力，也是提升国家安全保障能力的战略新支点。形势决定任务，国家安全形势的发展变化对创新国家安全工作提出了新要求。面临对外维护国家主权、安全、发展利益，对内维护政治安全和社会稳定的双重压力，必须打破单纯维护某一领域安全的思维定式，树立维护国家综合安全和战略利益拓展的思想观念，不断创新维护国家安全的方式方法。

> **〉相关知识　国家安全边界的动态性**
>
> 国家安全形势日趋复杂，国家安全内涵和外延不断拓展，国家安全的边界也随之发展变化。总体国家安全观所指的国家安全涉及政治、国土、军事、经济等多个领域，但又不限于此，还会随着时代变化而不断发展。国家安全法第三十四条规定，国家根据经济社会发展和国家发展利益的需要，不断完善维护国家安全的任务。

20 如何理解发展和安全的关系？

治国理政必须坚持统筹发展和安全两件大事。发展和安全是一体之两翼、驱动之双轮。发展是安全的基础和目的，安全是发展的条件和保障，发展和安全要同步推进。既要善于运用发展成果夯实国家安全的实力基础，又要善于塑造有利于经济社会发展的安全环境。

发展和安全是一体之两翼、驱动之双轮

我国统筹推进新冠肺炎疫情防控和经济社会发展工作

21 如何理解人民安全、政治安全、国家利益至上的关系？

　　我国的国体政体决定了党、人民和国家是一个共同体，这就决定了人民安全、政治安全和国家利益至上是相辅相成的有机统一体。习近平总书记指出："人民安全居于中心地位，国家安全归根到底是保障人民利益；政治安全是维护人民安全和国家利益的根本保证；国家利益至上是实现人民安全和政治安全的要求和原则。只有坚持人民安全、政治安全和国家利益至上的有机统一，才能实现人民安居乐业、党的长期执政、国家长治久安。"

> **〉重要论述** 坚持人民安全、政治安全、国家利益至上的有机统一
>
> 　　2018 年 4 月 17 日，习近平总书记在十九届中央国家安全委员会第一次会议上发表重要讲话指出："坚持人民安全、政治安全、国家利益至上的有机统

一，人民安全是国家安全的宗旨，政治安全是国家安全的根本，国家利益至上是国家安全的准则。"

22 如何理解坚持立足于防又有效处置风险？

　　增强忧患意识、防范风险挑战要一以贯之，这是新时代国家安全工作必须遵循的重要原则。面对波谲云诡的国际形势、复杂敏感的周边环境、艰巨繁重的改革发展稳定任务，我们必须始终保持高度警惕。既要警惕"黑天鹅"事件，也要防范"灰犀牛"事件；既要有防范风险的先手，也要有应对和化解风险挑战的高招；既要打好防范和抵御风险的有准备之战，也要打好化险为夷、转危为机的战略主动战。

"灰犀牛"　　　　　　　　　　　　　　"黑天鹅"

大概率、潜伏期长、危险系数大　　　　小概率、超越认知、不可预见

既要警惕"黑天鹅"，也要防范"灰犀牛"

》相关知识　"灰犀牛"一词怎样流行开来？

　　多年前，一本畅销书《黑天鹅》让大家熟知了"黑天鹅"。米歇尔·渥克所著《灰犀牛：如何应对大概率危机》一书，也让大家了解了"灰犀牛"。2017年3月，在一篇题为《透视"逆全球化"表象》的文章中，新华社记者提出，"灰犀牛"比"黑天鹅"更可怕，更值得关注。同年7月17日，全国金融工作会议召开后的首个工作日，《人民日报》在头版刊发评论员文章《有效防范金融风险》，文中在分析金融风险时

使用了"灰犀牛"的说法。这是《人民日报》首次提到"灰犀牛"概念。

23 防范化解重大风险的工作要求是什么?

防范化解重大风险,是各级党委和政府以及领导干部的政治职责。要强化风险意识,常观大势、常思大局,科学预见形势发展走势和隐藏其中的风险挑战,做到未雨绸缪。要提高风险化解能力,透过复杂现象把握本质,抓住要害、找准原因,果断决策,善于引导群众、组织群众,善于整合各方力量、科学排兵布阵,有效予以处理。要加强理论修养,提高战略思维、历史思维、辩证思维、创新思维、法治思维、底线思维能力,善于从纷繁复杂的矛盾中把握规律。要完善风险防控机制,建立健全风险研判机制、决策风险评估机制、风险防控协同机制、风险防控责任机制。

24 如何理解国家安全既要有效维护更要主动塑造？

　　当前我国正处于由大国向强国迈进的关键阶段，客观上对国家安全工作提出了更高的要求。做好国家安全工作，首先要立足现实，着力维护好国家安全。同时，还要主动塑造好内外安全环境。维护国家安全是一个持续的过程，塑造是更高层次更具前瞻性的维

构建人类命运共同体

护。世界面临百年未有之大变局，对维护国家安全既是挑战，也带来机遇。随着我国综合国力不断增强，日益走近世界舞台中央，应当奋发有为、主动塑造，牢牢掌握国家安全工作主动权。要发挥负责任大国作用，同世界各国一道，推动构建人类命运共同体。

> **相关知识** 相知无远近，万里尚为邻

命运与共，国际合作仍在路上。构建人类命运共同体就是要建设持久和平、普遍安全、共同繁荣、开放包容、清洁美丽的世界。

命运与共，全球战"疫"

25 如何理解科学统筹是做好国家安全工作的根本方法？

科学统筹体现了唯物辩证法在国家安全问题上的科学运用。总体国家安全观谋求的是构建集各种领域

安全于一体的国家安全体系，回应当下错综复杂的各类安全挑战，必须强调把科学统筹作为国家安全工作的根本方法。要始终把国家安全置于中国特色社会主义事业全局中来把握，统筹处理好安全领域的各类问题，科学研判、辩证分析，全面把握、协调推进，既注重总体谋划，又以重点突破带动整体推进，切实做好国家安全各项工作，推动形成维护国家安全的强大合力。

26　如何理解坚持发扬斗争精神？

党的十九大报告指出："我们党要团结带领人民有效应对重大挑战、抵御重大风险、克服重大阻力、解决重大矛盾，必须进行具有许多新的历史特点的伟大斗争"。防范化解重大风险，需要有充沛顽强的斗争精神。各级领导班子和领导干部要加强斗争历练，增强斗争本领，永葆斗争精神，以"踏平坎坷成大道，斗罢艰险又出发"的顽强意志，应对好每一场重大风险挑战，切实把改革发展稳定各项工作做实做好。

❷ 重要论述　哪些情况下务必进行坚决斗争？

2019年9月3日，习近平总书记在2019年秋季学期中央党校（国家行政学院）中青年干部培训班开班式上的讲话中指出：凡是危害中国共产党领导和我国社会主义制度的各种风险挑战，凡是危害我国主权、安全、发展利益的各种风险挑战，凡是危害我国核心利益和重大原则的各种风险挑战，凡是危害我国人民根本利益的各种风险挑战，凡是危害我国实现"两个一百年"奋斗目标、实现中华民族伟大复兴的各种风险挑战，只要来了，我们就必须进行坚决斗争，而且必须取得斗争胜利。

27 怎样认识安全问题的联动性？

许多安全问题同政治、经济、文化、民族、宗教等问题紧密相关，非传统安全威胁和传统安全威胁相互交织。一个看似单纯的安全问题，往往并不能简单对待，否则就可能陷入头痛医头、脚痛医脚的困境。恐怖主义就是典型的例子，其滋生蔓延受经济发展、地缘政治、宗教文化等多种复杂因素影响，单纯靠一种手段无法从根本上解决问题。

28 · 怎样认识安全问题的跨国性？

安全问题早已超越国界，任何一个国家的安全短板都会导致外部风险大量涌入，形成安全风险洼地；任何一个国家的安全问题积累到一定程度又会外溢成为区域性甚至全球性安全问题。各国可谓安危与共、唇齿相依，没有哪个国家能够置身事外而独善其身，也没有哪个国家可以包打天下来实现所谓的绝对安全。

29 怎样认识安全问题的多样性？

世界局势深刻变化，国家安全面临的威胁趋于复杂，各种安全问题相互交织、相互作用，解决起来难度更大。如传统犯罪在互联网和新媒体的作用下翻陈出新，电信诈骗、金融诈骗等新型犯罪大量滋生，跨国有组织犯罪日趋升级，难民危机愈演愈烈，网络攻击、网络窃密已经成为危害各国安全的突出问题。

30 《国家安全战略纲要》是何时审议通过的？

2015 年 1 月 23 日，中央政治局召开会议，审议通过《国家安全战略纲要》。制定和实施《国家安全战略纲要》，是有效维护国家安全的迫切需要，是完善中国特色社会主义制度、推进国家治理体系和治理能力现代化的必然要求。

中央政治局会议审议通过《国家安全战略纲要》

31　国家安全法是何时颁布施行的？

2015 年 7 月 1 日，第十二届全国人民代表大会常务委员会第十五次会议审议通过国家安全法并颁布

2015 年 7 月 1 日，十二届全国人大常委会第十五次会议审议通过国家安全法（中新社记者　杜洋／摄）

施行。这是一部具有综合性、全局性、基础性的重要法律，是国家安全法律制度体系中起统领作用的基本法律。

❯ 相关知识　反间谍法

2014 年 11 月 1 日，十二届全国人大常委会第十一次会议通过反间谍法，同时废止了 1993 年的国家安全法。反间谍法以 1993 年国家安全法为基础，突出反间谍工作特点，在总结反间谍工作实践经验的基础上，增加规定了反间谍工作的原则、间谍行为的定义、相关部门的职责和保护公民、组织合法权益等方面的内容。

32 国家安全法主要包括哪些内容？

国家安全法共 7 章 84 条，全面贯彻总体国家安全观，科学、全面界定国家安全的含义，确立国家安全工作的指导思想和基本原则，明确国家安全领导体制和有关国家机构的职责，细化维护国家安全各领域的任务，建立健全国家安全制度和国家安全保障体系，规定公民和组织的权利和义务。

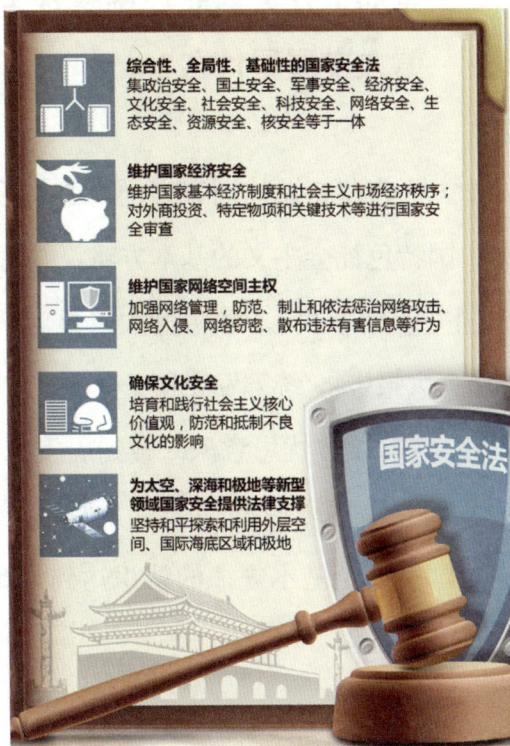

国家安全法五大亮点

国家安全法

33 党的十九大对总体国家安全观的重大发展是什么？

党的十九大将坚持总体国家安全观纳入新时代坚持和发展中国特色社会主义的基本方略，并写入修改后的《中国共产党章程》，意义重大，影响深远。同时，党的十九大报告将"统筹发展和安全"从"五对关系"中单独列出，与"增强忧患意识，做到居安思危"并列，作为我们党治国理政的一个重大原则。这标志着我们党对国家安全基本规律的认识达到了新高度。

34 党的十九大关于国家安全的重要论述有哪些？

党的十九大报告把国家安全放到了前所未有的高度，55 次提到"安全"，其中 18 次提到"国家安全"。报告专门对维护国家安全进行集中论述，主要包括：

国家安全是安邦定国的重要基石，维护国家安全是全国各族人民根本利益所在。要完善国家安全战略和国家安全政策，坚决维护国家政治安全，统筹推进各项安全工作。健全国家安全体系，加强国家安全法治保障，提高防范和抵御安全风险能力。严密防范和坚决打击各种渗透颠覆破坏活动、暴力恐怖活动、民族分裂活动、宗教极端活动。加强国家安全教育，增强全党全国人民国家安全意识，推动全社会形成维护国家安全的强大合力。

35 党的十九届四中全会如何阐述完善国家安全体系？

党的十九届四中全会审议通过的决定中 38 次提到"安全"，13 次提到"国家安全"，并就"完善国家安全体系"作出战略部署：坚持总体国家安全观，统筹发展和安全，坚持人民安全、政治安全、国家利益至上有机统一。以人民安全为宗旨，以政治安全为根本，以经济安全为基础，以军事、科技、文化、社会安全为保障，健全国家安全体系，增强国家安全能力。完善集中统一、高效权威的国家安全领导体制，健全国家安全法律制度体系。加强国家安全人民防线建设，增强全民国家安全意识，建立健全国家安全风险研判、防控协同、防范化解机制。提高防范抵御国家安全风险能力，高度警惕、坚决防范和严厉打击敌对势力渗透、破坏、颠覆、分裂活动。

36 什么是以人民安全为宗旨？

国家安全工作归根结底是保障人民利益，要坚持国家安全一切为了人民、一切依靠人民，为群众安居乐业提供坚强保障。如国家安全法第一条在立法宗旨中明确"保护人民的根本利益"；第十六条规定"国家维护和发展最广大人民的根本利益，保卫人民安全，创造良好生存发展条件和安定工作生活环境，保障公民的生命财产安全和其他合法权益"等。

人民安全大如天——总书记指挥这场人民战争

37 如何理解共同安全的科学内涵？

在全球化深入发展的背景下，世界各国正在形成紧密相连的命运共同体。任何国家或国家集团都无法单独主宰世界事务，合作安全、共同安全才能应对挑战，实现持久安全。安全应该是普遍的、平等的、包容的。共同安全所倡导的安全框架理应包含所有的国家。各国作为独立平等的主权行为体，都享有平等地获得安全保障的权利。文明的多样性和各国的差异性应该转化为促进安全合作的活力和动力。

38 为什么要倡导营造公道正义、共建共享的安全格局?

在经济全球化时代,各国安全相互关联、彼此影响。没有一个国家能凭一己之力谋求自身绝对安全,也没有一个国家可以从别国的动荡中收获稳定。弱肉强食是丛林法则,不是国与国相处之道。穷兵黩武是霸道做法,只会搬起石头砸自己的脚。

2014 年 5 月,亚洲相互协作与信任措施会议第四次峰会在上海举行(新华社记者 庞兴雷/摄)

> **相关知识** 亚洲安全 重在共建

积极倡导共同、综合、合作、可持续的亚洲安全观，创新安全理念，搭建地区安全和合作新架构，努力走出一条共建、共享、共赢的亚洲安全之路。

39 做好国家安全工作的"三个立足"是什么？

2017年2月17日，习近平总书记在国家安全工作座谈会上强调指出，认清国家安全形势，维护国家安全，要立足国际秩序大变局来把握规律，立足防范风险的大前提来统筹，立足我国发展重要战略机遇期大背景来谋划。

习近平主持召开国家安全工作座谈会

> **重要论述** 百年未有之大变局

2018 年 6 月，习近平总书记在中央外事工作会议上深刻指出，当前，我国处于近代以来最好的发展时期，世界处于百年未有之大变局，两者同步交织、相互激荡。后来，习近平总书记以"三个前所未有"阐述了世界大变局的发展趋势，即"新兴市场国家和发展中国家的崛起速度之快前所未有，新一轮科技革命和产业变革带来的新陈代谢和激烈竞争前所未有，全球治理体系与国际形势变化的不适应、不对称前所未有"。

40 如何理解坚持党对国家安全工作的绝对领导？

坚持党对国家安全工作的绝对领导，是做好国家安全工作的根本原则，是维护国家安全和社会安定的根本保证。党政军民学，东西南北中，党是领导一切的。国家安全工作具有极其鲜明、极其强烈的政治属性，更要突出强调党的领导。要建立健全党委统一领导的国家安全工作责任制，实施更为有力的统领和协调，做到守土有责、守土尽责。

> **相关知识　党是领导一切的**
>
> 党的十九大将"党是领导一切的"写入党章，具有重要的现实意义。党领导一切的实质是什么呢？习近平总书记曾形象地指出，这就像"众星捧月"，这个"月"就是中国共产党。在国家治理体系的大棋局中，党中央是坐镇中军帐的"帅"，车马炮各展其长，一盘棋大局分明。党政军民学，东西南北中，党是领导一切的。各个领域、各个方面都必须自觉坚持党的领导。

篇二
维护重点领域国家安全

　　国家安全涵盖领域十分广泛，在党和国家工作全局中的重要性日益凸显。我们正在推进具有许多新的历史特点的伟大斗争、党的建设新的伟大工程、中国特色社会主义伟大事业，时刻面对各种风险考验和重大挑战。这既对国家安全工作提出了新课题，也为做好国家安全工作提供了新机遇。

　　——习近平 2017 年 2 月 17 日在国家安全工作座谈会上的重要讲话

41　什么是政治安全？

　　政治安全，主要是指一个国家由政权、政治制度和意识形态为要素组成的政治体系，相对处于没有危险和不受威胁的状态，以及面对风险和挑战时能够及时有效防范、应对，从而确保国家良好政治秩序的能力。政治安全是我国国家安全的根本，核心是政权安全和制度安全，最根本的就是维护中国共产党的领导和执政地位、维护中国特色社会主义制度。

42　维护政治安全有哪些主要任务？

　　国家安全法第十五条规定，国家坚持中国共产党的领导，维护中国特色社会主义制度，发展社会主义民主政治，健全社会主义法治，强化权力运行制约和监督机制，保障人民当家作主的各项权利。国家防范、制止和依法惩治任何叛国、分裂国家、煽动叛乱、颠覆或者煽动颠覆人民民主专政政权的行为；防范、制止和依法惩治窃取、泄露国家秘密等危害国家安全的行为；防范、制止和依法惩治境外势力的渗透、破坏、颠覆、分裂活动。

43 政治安全为什么是国家安全的根本？

政治安全涉及国家主权、政权、制度和意识形态的稳固，是一个国家最根本的需求，是国家赖以生存和发展的基础条件。政治安全不仅关系到国家的长治久安，更与民族复兴和人民福祉休戚相关。政治安全对其他领域国家安全起决定性作用，为其他领域国家安全提供政权保证和制度保证。没有政治安全的保障，其他领域国家安全就无从谈起。只有从维护政治安全的高度谋划和推进其他领域安全，才能更好地保障国家利益，实现党的长期执政、国家长治久安和人民安居乐业。

44　怎样认识意识形态的重要性？

　　意识形态安全是政治安全的重要组成部分，是实现国家利益的重要手段和维护国家安全的重要屏障。意识形态工作是党的一项极端重要的工作，能否做好意识形态工作事关党的前途命运，事关国家的长治久

意识形态工作极端重要

安，事关民族凝聚力和向心力。

45 为什么要时刻警惕"颜色革命"？

当前，各种敌对势力一直企图在我国制造"颜色革命"，妄图颠覆中国共产党领导和我国社会主义制度。这是我国政治安全面临的现实危险。他们选中的一个突破口就是意识形态领域，企图把人们思想搞乱，然后浑水摸鱼、乱中取胜。习近平总书记指出："如果哪天在我们眼前发生'颜色革命'那样的复杂局面，我们的干部是不是都能毅然决然站出来捍卫党的领导、捍卫社会主义制度？"对于"颜色革命"，每一位党员干部都应始终保持高度警惕，加强防范，制止、打击有关违法犯罪活动。

❯ 相关知识　什么是"颜色革命"?

　　所谓"颜色革命",是指进入 21 世纪以来,在东欧、高加索、中亚、北非和西亚等地区发生了一系列以颜色命名、以"非暴力"或"可控混乱"方式进行的政权更迭运动,其实质是外部势力通过各种手段在有关国家进行各领域渗透、培植政治反对派并鼓励其利用社会矛盾推翻现政权的一种政治颠覆活动。

❯ 重要论述　共和国是红色的,不能淡化这个颜色

　　2019 年 3 月 4 日,习近平总书记在看望全国政协文艺界社科界委员时强调:"不忘初心,方得始终啊!我们的初心是什么?上海石库门、南湖红船,诞生了中国共产党、14 年抗战、历史性决战,才有了中华人民共和国。共和国是红色的,不能淡化这个颜色。无数的先烈鲜血染红了我们的旗帜,我们不建设好他们所盼望向往、为之奋斗、为之牺牲的共和国，是绝对不行的。不能被轻歌曼舞所误，不能'隔江犹唱后庭花'。"

46 领导干部如何提高防范政治风险能力？

增强政治敏锐性和政治鉴别力，对容易诱发政治问题特别是重大突发事件的敏感因素、苗头性倾向性问题，做到眼睛亮、见事早、行动快，及时消除各种政治隐患。高度重视并及时阻断不同领域风险的转化通道，避免各领域风险产生交叉感染，防止非公共性风险扩大为公共性风险、非政治性风险蔓延为政治风险。增强斗争精神，敢于亮剑、敢于斗争，坚决防止和克服嗅不出敌情、分不清是非、辨不明方向的政治麻痹症。

47 国土安全的定义是什么？

　　国土安全涵盖领土、自然资源、基础设施等要素，核心是指领土完整、国家统一、边疆边境、海洋权益等不受侵犯或免受威胁的状态，以及持续保持这

南沙守礁官兵在永暑礁主权碑前巡逻（新华社记者　查春明／摄）

中国外交部：划设东海防空识别区是为捍卫国家主权和领土领空安全

种状态的能力。国土安全是立国之基，是国家生存和发展的基本条件。

48 维护国土安全有哪些主要任务？

国家安全法第十七条规定，国家加强边防、海防和空防建设，采取一切必要的防卫和管控措施，保卫领陆、内水、领海和领空安全，维护国家领土主权和海洋权益。

> **重要论述** 掷地有声的领土主权"金句"
>
> 2018年6月，习近平主席在会见来访的美国国防部长时指出："在涉及中国主权和领土完整问题上，我们的态度是坚定的也是明确的，老祖宗留下来的领土一寸也不能丢，别人的东西我们一分一毫也不要。"

49　为什么说国土安全与其他领域安全息息相关？

　　国土安全作为国家安全最敏感的要素，具有很强的联动性。如果国土安全能够得到切实有效维护，国家的政治、经济、文化安全就有保障。一旦国土安全遭受破坏，将很快波及其他领域安全，进而引发国家安全的总体危机。同时，其他领域的安全对国土安全也具有重要影响。任何一个领域安全出现问题，都将直接或间接对国土安全造成威胁。比如"台独""东突""藏独"等分裂势力，不仅对我国政治安全造成严重威胁，而且也对国家统一、领土完整造成重大威胁。

50　我国国土安全的基本情况如何？

　　经过多年努力，我国已成功解决绝大部分陆地领土主权争议，从战略上消除了周边的主要对抗因素，为集中处理剩余的领土主权和海洋权益争议奠定了基础。同时也要看到，随着我国进一步发展壮大和周边安全环境的发展变化，国土安全依然面临复杂威胁，陆地边界争议尚未彻底解决，岛屿领土问题和海洋划界争端依然存在，个别域外国家舰机对中国频繁实施抵近侦察，多次非法闯入中国领海及有关岛礁邻近海空域。

> **延伸阅读** **颇具闹剧色彩的"南海仲裁"**
>
> 2013年1月，菲律宾阿基诺三世政府单方面就中菲在南海的有关争议提起所谓国际仲裁。这是新中国成立以来首次针对我国领土主权和海洋权益提起的国际仲裁。中国政府立即表明了不接受、不参与、不承认的立场。在领土问题和海域划界争议上，中国不接受第三方争端解决方式，不接受任何强加于中国的争端解决方案。

中国外交部回应"南海仲裁"案仲裁庭裁决

51　什么是军事安全?

军事安全是指国家不受外部军事入侵和战争威胁的状态，以及保障这一持续安全状态的能力。军事安全既是国家安全体系的重要领域，也是国家其他安全的重要保障。

52　维护军事安全有哪些主要任务?

国家安全法第十八条规定，国家加强武装力量革命化、现代化、正规化建设，建设与保卫国家安全和发展利益需要相适应的武装力量；实施积极防御军事战略方针，防备和抵御侵略，制止武装颠覆和分裂；开展国际军事安全合作，实施联合国维和、国际救援、海上护航和维护国家海外利益的军事行动，维护国家主权、安全、领土完整、发展利益和世界和平。

53 为什么要高度重视军事安全？

军事领域是竞争和对抗最为激烈的安全领域，也是最具创新活力、最需创新精神的领域。国防和军队建设是国家安全的坚强后盾。军事上的落后一旦形成，对国家安全的影响将是致命的。军事斗争是进行伟大斗争的重要方面，打赢能力是维护国家安全的战略能力。

> **❯ 延伸阅读** "中国航母故事"正在续写
>
> 辽宁号航空母舰，是中国人民解放军海军第一艘航空母舰。它的前身是瓦良格号，于2002年抵达大连港。2005年由中国海军继续建造改进。2012年9月25日正式命名为"中国人民解放军海军辽宁舰"，舷号为"16"。

2019 年 12 月 17 日下午，我国第一艘国产航空母舰"山东舰"在海南三亚某军港交付海军。经中央军委批准，我国第一艘国产航母命名为"中国人民解放军海军山东舰"，舷号为"17"。

我国第一艘国产航空母舰"山东舰"在海南三亚某军港交付海军（新华社记者　李刚／摄）

"双航母时代"：中国航母起航之路

54　如何认识军民融合发展战略的重要性？

　　把军民融合发展上升为国家战略，是我们党长期探索经济建设和国防建设协调发展规律的重大成果，是从国家发展和安全全局出发作出的重大决策，是应对复杂安全威胁、赢得国家战略优势的重大举措。军民融合发展战略注重统筹经济建设和国防建设，实现富国与强军的统一，构建一体化的国家战略体系和能力。

推动军民融合发展

> **相关知识　富国强军的战略之举**

富国才能强兵，强兵才能卫国——能否把握好安全和发展的黄金分割点，关乎前途命运。回顾历史，中国有的朝代文盛武衰、国富兵弱，成了"泥足巨人"，屡遭侵犯、百般受辱；世界有的国家穷兵黩武，要"大炮"不要"黄油"，国防工业畸形生长，导致国家走向崩溃。把军民融合发展上升为国家战略，深刻回答了新形势下强国强军的重大理论和实践问题，为推动经济建设与国防建设融合发展指明了前进方向。

55　什么是经济安全？

经济安全是国家安全体系的重要组成部分，是国家安全的基础。维护经济安全，核心是要坚持社会主义基本经济制度不动摇，不断完善社会主义市场经济体制，坚持发展是硬道理，不断提高国家的经济整体实力、竞争力和抵御内外各种冲击与威胁的能力，重点防控好各种重大风险挑战，保护国家根本利益不受伤害。

56 维护经济安全有哪些主要任务？

国家安全法第十九条规定，国家维护国家基本经济制度和社会主义市场经济秩序，健全预防和化解经济安全风险的制度机制，保障关系国民经济命脉的重要行业和关键领域、重点产业、重大基础设施和重大建设项目以及其他重大经济利益安全。

57 保持经济平稳健康发展的"六稳"是什么？

稳就业、稳金融、稳外贸、稳外资、稳投资、稳预期。做好"六稳"工作对于保持经济运行在合理区间，确保全面建成小康社会和"十三五"规划圆满收官具有重要意义。

58 如何理解经济安全是国家安全的基础？

随着和平与发展成为时代主题，特别是冷战结束后，经济全球化迅速扩展，经济互动日益增多，经济竞争成为大国竞争的主战场，频频出现的经济领域危机、摩擦和制裁成为世界各国面对的突出问题。这就使得经济安全在国家安全体系中的基础地位越来越凸显。在和平发展的当今时代，国家维护安全，从根本上来说，是为了发展经济，提高人民的生活水平。从党的执政基础看，经济安全是赢得民心、巩固政权、稳定社会的基本条件。国家制定和实施安全战略，经济利益是基本的出发点，国家的政治、军事乃至环境政策在很大程度上都是以经济建设为中心。没有经济安全，文化、教育、社会等领域安全也就无从谈起。

此外，国家间的矛盾、冲突和斗争在很大程度上也围绕经济利益而展开。因此，维护经济安全成为国家最重要的职责之一。

> **相关知识** "把中国人的饭碗牢牢端在自己手中"
>
> "仓廪实而知礼节，衣食足而知荣辱"（出自《史记·管晏列传》，意思是，粮仓充足才能知道礼仪，丰衣足食才会知晓荣誉和耻辱）。立足国内基本解决我国人民吃饭问题，是由我们的基本国情决定的，也是我们一以贯之的大政方针。

端牢国民饭碗，保障粮食安全

59 怎样认识金融安全的极端重要性？

金融是国家重要的核心竞争力。金融安全是国家安全的重要组成部分，是经济平稳健康发展的重要基础，金融制度是经济社会发展中重要的基础性制度。维护金融安全，是关系我国经济社会发展全局的一件带有战略性、根本性的大事。金融活，经济活；金融稳，经济稳。为此，必须切实把维护金融安全作为治国理政的一件大事。

> **❯ 重要论述** 必须跨越防范化解金融风险这一重大关口
>
> 在 2016 年中央经济工作会议上，习近平总书记指出："金融风险有的是长期潜伏的病灶，隐藏得很深，但可能爆发在一瞬之间。美国次贷危机爆发就是一夜之间的事情。"

金融风险可能爆发在一瞬之间

60 什么是文化安全？

　　文化是民族的血脉，是人民的精神家园。文化安全是指一国文化相对处于没有危险和不受内外威胁的状态，以及保障持续安全状态的能力。它关乎国家稳固、民族团结、精神传承，是国家安全的重要保障。

61　维护文化安全有哪些主要任务？

　　国家安全法第二十三条规定，国家坚持社会主义先进文化前进方向，继承和弘扬中华民族优秀传统文化，培育和践行社会主义核心价值观，防范和抵制不良文化的影响，掌握意识形态领域主导权，增强文化整体实力和竞争力。

社会主义核心价值观深入民心

62 如何理解维护文化安全的重要意义？

维护文化安全是民族精神、价值观念和信仰追求延续和发展的保障，是协调推进"四个全面"战略布局的重要支撑，是构建中国特色国家安全体系的重要内容，是建设社会主义文化强国的重要基础。

63 什么是社会安全？

社会安全是指防范、消除、控制直接威胁社会公共秩序和人民群众生命财产安全的治安、刑事、暴力恐怖事件以及规模较大的群体性事件等，涉及打击犯罪、维护稳定、社会治理、公共服务等各个方面，与人民群众切身利益息息相关。

64　维护社会安全有哪些主要任务？

　　国家安全法第二十九条规定，国家健全有效预防和化解社会矛盾的体制机制，健全公共安全体系，积极预防、减少和化解社会矛盾，妥善处置公共卫生、社会安全等影响国家安全和社会稳定的突发事件，促进社会和谐，维护公共安全和社会安定。

> **相关知识　应急管理很关键**
>
> 　　应急管理是国家治理体系和治理能力的重要组成部分，承担防范化解重大安全风险、及时应对处置各类灾害事故的重要职责，担负保护人民群众生命财产安全和维护社会稳定的重要使命。

65 如何理解维护社会安全的重要意义?

社会安全是国家安全的重要内容,既事关每个社会成员切身利益,也事关国家发展和社会稳定,对保障人民安居乐业、社会和谐有序、国家长治久安具有十分重大的意义。社会安全与人民群众切身利益关系最密切,是人民群众安全感的晴雨表,是社会安定的风向标。随着经济发展、社会进步,人民群众对过上美好生活有更高的期待,对社会安全有更高的标准。只有自觉把群众对社会安全的需求作为努力方向,让群众过上更平安的生活,才能不断提升群众的安全感和满意度。

66 如何认识维护公共安全的重要意义?

公共安全是最基本的民生。公共安全一头连着经济社会发展，一头连着千家万户。要自觉把维护公共安全放在维护最广大人民根本利益中来认识，放在贯彻落实总体国家安全观中来思考，放在推进国家治理体系和治理能力现代化中来把握，努力为人民安居乐业、社会安定有序、国家长治久安编织全方位、立体化的公共安全网。

> ❯ 延伸阅读　街乡吹哨，部门报到
>
> 　　哨声"响"起，解决基层难题。北京市创新"街乡吹哨，部门报到"机制，坚持党建引领，着力形成到基层一线解决问题的导向，打通抓落实的"最后一公里"。2018 年，北京市将这一机制作为"1 号改革课题"在全市推广。目前，这一机制已形成 3 种形式：围绕群众所需的"日常哨"，围绕重点工作的"攻坚哨"，围绕应急处置的"应急哨"。

"枫桥经验"："小事不出村、大事不出镇、矛盾不上交"

67 如何确保"舌尖上的安全"?

　　食品药品安全关系每个人身体健康和生命安全，要用最严谨的标准、最严格的监管、最严厉的处罚、最严肃的问责，确保人民群众"舌尖上的安全"。

确保人民群众"舌尖上的安全"

68 怎样认识公共安全事故？

公共安全连着千家万户，宁可百日紧，不可一日松。面对公共安全事故，不能止于追责，还必须梳理背后的共性问题，做到一方出事故、多方受教育，一地有隐患、全国受警示。

> ❯ **相关知识**　我国"不容忽视"的自然灾害险情
>
> 　　我国是世界上自然灾害最为严重的国家之一，灾害种类多，分布地域广，发生频率高，造成损失重，这是一个基本国情。同时，我国各类事故隐患和安全风险交织叠加、易发多发，严重影响公共安全。

> ❯ **相关知识**　突发事件有哪些？
>
> 　　突发事件应对法第三条规定，突发事件是指突然

发生，造成或者可能造成严重社会危害，需要采取应急处置措施予以应对的自然灾害、事故灾难、公共卫生事件和社会安全事件。按照社会危害程度、影响范围等因素，自然灾害、事故灾难、公共卫生事件分为特别重大、重大、较大和一般4级。

69 什么是科技安全？

科技安全包括科技自身安全和科技支撑保障相关领域安全，涵盖科技人才、设施设备、科技活动、科技成果、成果应用安全等多个方面，是支撑国家安全的重要力量和技术基础。

70 维护科技安全有哪些主要任务？

　　加强体系建设和能力建设，完善国家创新体系，提高创新体系整体效能。加快补短板，建立自主创新的制度机制。加强重大创新领域战略研判和前瞻部署，抓紧布局国家实验室，重组国家重点实验室体系，建设重大创新基地和创新平台，完善产学研协同创新机制。强化事关国家安全和经济社会发展全局的重大科技任务的统筹组织，强化国家战略科技力量建设。加快科技安全预警监测体系建设，围绕人工智能、基因编辑、医疗诊断等领域，加快推进相关立法工作。

71 如何理解维护科技安全的重要意义？

　　科技安全是国家安全体系的重要组成部分，是支撑国家安全的重要力量和基础，是实现其他相关领域安全的重要保障，是提升国家安全能力的基本保证。科技发达事关民族振兴，科技强大事关国家富强。在一定程度上，科技实力决定着世界政治经济力量对比的变化，也决定着各国各民族的前途命运。

> **❯ 重要论述** 把关键核心技术掌握在自己手中
>
> 2018年5月28日，习近平总书记在中国科学院第十九次院士大会、中国工程院第十四次院士大会上的讲话中强调："实践反复告诉我们，关键核心技术是要不来、买不来、讨不来的。只有把关键核心技术掌握在自己手中，才能从根本上保障国家经济安全、国防安全和其他安全。要增强'四个自信'，以关键共性技术、前沿引领技术、现代工程技术、颠覆性技术创新为突破口，敢于走前人没走过的路，努力实现关键核心技术自主可控，把创新主动权、发展主动权牢牢掌握在自己手中。"

72　为什么要高度重视科技创新？

正所谓"国之利器，不可以示人"。科技创新是核心，是提高社会生产力、提升国际竞争力、增强综合国力、保障国家安全的战略支撑。抓住了科技创新，就抓住了牵动我国发展全局的"牛鼻子"。

"天河二号"超级计算机系统（新华社发　何书远／摄）

> **相关知识** 发展人工智能至关重要

　　如同蒸汽时代的蒸汽机、电气时代的发电机、信息时代的计算机和互联网，人工智能正成为推动人类进入智能时代的决定性力量。经过 60 多年的发展，人工智能在算法、算力（计算能力）和算料（数据）等"三算"方面取得了重要突破，正处于从"不能用"到"可以用"的技术拐点，但是距离"很好用"还有诸多瓶颈。人工智能是引领新一轮科技革命和产业变革的战略性技术，具有溢出带动性很强的"头雁"效应。加快发展新一代人工智能是赢得全球科技竞争主动权的重要战略抓手，是推动科技跨越发展、产业优化升级、生产力整体跃升的重要战略资源。

73 什么是网络安全？

　　网络安全，是指通过采取必要措施，防范对网络的攻击、侵入、干扰、破坏和非法使用以及意外事故，使网络处于稳定可靠运行的状态，以及保障网络数据的完整性、保密性、可用性的能力。网络安全的本质在对抗，对抗的本质在攻防两端能力较量。

74 如何认识网络安全的重要性？

　　网络是信息化社会的重要基础，网络空间是国家安全和经济社会发展的关键领域。没有网络安全就没有国家安全，没有信息化就没有现代化。过不了互联网这一关，就过不了长期执政这一关。网络安全和信息化是事关国家安全和国家发展、事关广大人民群众工作生活的重大战略问题。网络安全已经成为我国面临的最复杂、最现实、最严峻的非传统安全问题之一。

相关知识　网络是把双刃剑，安全使用是关键

网络是一把双刃剑，一张图、一段视频经由全媒体几个小时就能形成爆发式传播，对舆论场造成很大影响。这种影响力，用好了造福国家和人民，用不好就可能带来难以预见的危害。

75 当前网络安全具有哪些主要特点？

一是网络安全是整体的而不是割裂的，对国家安全牵一发而动全身，同许多其他方面的安全都有着密切关系；二是网络安全是动态的而不是静态的，网络变得高度关联、相互依赖，威胁来源和攻击手段不断变化；三是网络安全是开放的而不是封闭的，要立足开放环境，加强对外交流、合作、互动、博弈；四是网络安全是相对的而不是绝对的，要立足基本国情保安全；五是网络安全是共同的而不是孤立的，维护网络安全是全社会共同责任。

76　维护网络安全的主要任务有哪些?

　　国家安全法第二十五条规定,国家建设网络与信息安全保障体系,提升网络与信息安全保护能力,加强网络和信息技术的创新研究和开发应用,实现网络和信息核心技术、关键基础设施和重要领域信息系统及数据的安全可控;加强网络管理,防范、制止和依法惩治网络攻击、网络入侵、网络窃密、散布违法有害信息等网络违法犯罪行为,维护国家网络空间主权、安全和发展利益。

> **❯ 相关知识**　"弯道超车"势在必行
>
> 　　互联网核心技术是我们最大的"命门",核心技术受制于人是我们最大的隐患。要掌握我国互联网发展主动权,保障互联网安全、国家安全,就必须突破

核心技术这个难题，争取在某些领域、某些方面实现"弯道超车"。

> **延伸阅读　备受期待的网络安全法**

　　2016 年 11 月 7 日，十二届全国人大常委会第二十四次会议审议通过网络安全法。该法正确处理网络空间自由和秩序、安全和发展、自主和开放的关系，遵循积极利用、科学发展、依法管理、确保安全的方针，确立了有关主管部门和企业等网络运营者、网络使用者的网络安全责任，确立了网络产品安全、网络运行安全、网络信息安全、网络数据安全、关键信息基础设施安全等各方面的基本管理制度。

为个人数据安全加把锁（新华社发　徐骏／作）

77　为什么要维护国家网络空间主权?

　　网络空间主权是国家主权的重要组成部分，是国家主权在网络空间的体现和延伸。尊重网络空间主权，是维护网络空间安全的重要前提。互联网是国家重要基础设施，我国境内的互联网属于中国主权管辖范围，中国的互联网主权应受到尊重和维护。

78 怎样才能切实保障国家数据安全？

加强关键信息基础设施安全保护，强化国家关键数据资源保护能力，增强数据安全预警和溯源能力；加强政策、监管、法律的统筹协调，加快法规制度建设；制定数据资源确权、开放、流通、交易相关制度，完善数据产权保护制度；加大对技术专利、数字版权、数字内容产品及个人隐私等的保护力度，维护广大人民群众利益、社会稳定、国家安全；加强国际数据治理政策储备和治理规则研究，提出中国方案。

> **相关知识** **大数据的"妙用"**

随着云计算时代的来临，大数据（Big data）也吸引了越来越多的关注。大数据是对大量、动态、能持续的数据，通过运用新系统、新工具、新模型的挖掘，从而获得具有洞察力和新价值的东西。大数据不仅颠覆了生活方式，还对国家政治、经济、军事、生态等重大领域有着重要影响，是国家的重要战略资源。大数据发展日新月异的同时，随之而来的是数据安全的保障问题。比如，有人说，大数据时代，人类就像生活在"玻璃房"里。这句话道出了大数据时代潜在的安全风险：数据缺乏有效管理，就有泄露的危险，如果被别有用心的人利用，就会对个人隐私和国家安全造成极大危害。

79　如何认识网络安全和信息化的关系?

网络安全和信息化是相辅相成的，必须统一谋划、统一部署、统一推进、统一实施。

❯ 相关知识　什么是"全媒体"?

2019年1月25日，在主持中共中央政治局第十二次集体学习时，习近平总书记首次提出"四全媒体"，即全程媒体、全息媒体、全员媒体和全效媒体，从四个维度阐述了全媒体的内涵。

"人人都有麦克风"的时代已经到来

> **相关知识**　**什么是区块链？**

区块链通常指的是通过密码学方法串联起来的分布式共享账本或数据库，具有去中心化、不可篡改、全程留痕、可以追溯、集体维护、公开透明等特点。

习近平：把区块链作为核心技术自主创新重要突破口

80 为什么要高度重视网络意识形态安全？

网络已是当前意识形态斗争的最前沿。掌控网络意识形态主导权，就是守护国家的主权和政权。

坚守舆论阵地

> ◗ 相关知识 **守护网络安全，呵护精神家园**
>
> 互联网已经成为舆论斗争的主战场，要把网上舆论工作作为重中之重来抓，把主力军放在主战场，使互联网这个最大变量变成事业发展的最大增量，

让网络空间成为我们党凝聚共识的新空间。

81 什么是生态安全？

生态安全是指一个国家赖以生存和发展的生态环境处于不受或少受破坏和威胁的状态，以及应对内外重大生态问题保障这一持续状态的能力。生态安全是国家安全的重要组成部分，是经济社会持续健康发展的重要保障，是人类生存发展的基本条件。

习近平出席气候变化巴黎大会开幕式

82　维护生态安全有哪些主要任务？

　　国家安全法第三十条规定，国家完善生态环境保护制度体系，加大生态建设和环境保护力度，划定生态保护红线，强化生态风险的预警和防控，妥善处置突发环境事件，保障人民赖以生存发展的大气、水、土壤等自然环境和条件不受威胁和破坏，促进人与自然和谐发展。

习近平谈祁连山生态保护

83　保护生态环境有哪些重要意义？

　　纵观世界发展史，保护生态环境就是保护生产力，改善生态环境就是发展生产力。良好生态环境是最公平的公共产品，是最普惠的民生福祉。对人的生存来说，金山银山固然重要，但绿水青山是人民幸福生活的重要内容，是金钱不能代替的。

保护生态环境就是保护生产力

别让眼泪成为最后一滴水

84 怎样看待我国水安全面临的挑战？

我国水安全已全面亮起红灯。河川之危、水源之危是生存环境之危、民族存续之危。水已经成为我国严重短缺的产品，成为制约环境质量的主要因素，成为经济社会发展面临的严重安全问题。

> **延伸阅读** "绿水青山就是金山银山"
>
> 浙江发展中遇到"成长的烦恼"，水资源约束经济社会发展。2013 年底，浙江省委和省政府作出了治污水、防洪水、排涝水、保供水、抓节水的"五水共治"决策部署，以治水为突破口，倒逼产业转型升级，打好"清三河"、剿灭劣 V 类水、"污水零直排区"和"美丽河湖"创建攻坚战，持续推进水环境质量改善。2018 年，全省 103 个国家地表水考核断面中，Ⅲ类以上水质断面比例从 2014 年的 64.1% 上升到 93.2%。"五水共治"是践行"绿水青山就是金山银山"发展理念的具体体现，在推进浙

江全省水环境质量持续改善的同时，全力助推了当地经济高质量发展。

浙江安吉余村村头竖立的铭刻着"绿水青山就是金山银山"的石碑

85　什么是资源安全？

　　资源安全是指一个国家或地区可以持续、稳定、充足和经济地获取所需自然资源及资源性产品的状态，以及维护这一安全状态的能力。从国家安全的角度看，资源的构成包括水资源、能源资源、土地资源、矿产资源等多个方面。资源安全的核心是保证各种重要资源充足、稳定、可持续供应，在此基础上，追求以合理价格获取资源，以集约节约、环境友好的方式利用资源，保证资源供给的协调和可持续。

引人警醒的地大物"薄"

86 维护资源安全有哪些主要任务？

国家安全法第二十一条规定，国家合理利用和保护资源能源，有效管控战略资源能源的开发，加强战略资源能源储备，完善资源能源运输战略通道建设和安全保护措施，加强国际资源能源合作，全面提升应急保障能力，保障经济社会发展所需的资源能源持续、可靠和有效供给。

87 如何理解维护能源安全的重要意义？

能源安全是国家安全的重要支撑，是关系国家经济社会发展的全局性、战略性问题，是其他领域安全的依托，对国家繁荣发展、人民生活改善、社会长治久安至关重要。

88 我国能源发展面临哪些重大挑战？

能源需求压力巨大，能源供给制约较多，能源生产和消费对生态环境损害严重，能源技术水平总体落后。

> **延伸阅读** 我国是世界上最大的能源生产国和消费国
>
> 《BP 世界能源统计年鉴》2019 中文版显示，2018 年中国石油对外依存度达 72%，为近 50 年来最高；此外，2018 年中国天然气消费也在继续快速增长，继 2017 年成为世界最大原油进口国之后，又超过日本成为世界最大的天然气进口国，天然气对外依存度升至 43%。

2019年，我国原油净进口量约5亿吨，同比增长9.5%；对外依存度升至72.5%，较上年提高1.6个百分点；天然气进口量1373亿立方米，增长9.4%，较上年回落22.4个百分点，对外依存度45.2%，与上年持平。

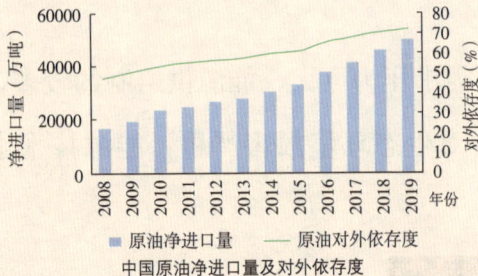

中国原油净进口量及对外依存度

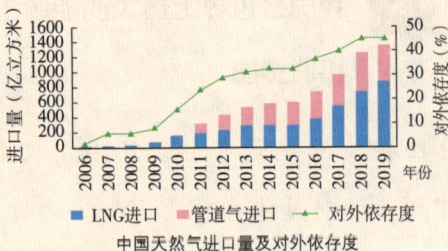

中国天然气进口量及对外依存度

能源安全供应风险仍需高度关注

（资料参考：中国石油集团经济技术研究院《2019年国内外油气行业发展报告》）

> **相关知识** 深刻认识能源安全新战略的核心要义

2014年6月13日，习近平总书记主持召开十八届中央财经领导小组第六次会议并发表重要讲话，明确提出中国要推动能源消费革命、能源供给革命、能源技术革命、能源体制革命，并全方位加强国际合作，实现开放条件下的能源安全。由此，"四个革命、一个合作"作为国家长期战略，成为全国能源高质量发展的实践遵循。

89　维护核安全的主要任务有哪些？

国家安全法第三十一条规定，国家坚持和平利用核能和核技术，加强国际合作，防止核扩散，完善防扩散机制，加强对核设施、核材料、核活动和核废料处置的安全管理、监管和保护，加强核事故应急体系和应急能力建设，防止、控制和消除核事故对公民生命健康和生态环境的危害，不断增强有效应对和防范核威胁、核攻击的能力。

90 我国的核安全观是什么?

2014 年 3 月 24 日，在荷兰海牙第三届核安全峰会上，习近平主席提出要坚持理性、协调、并进的核安全观，把核安全进程纳入健康持续发展的轨道。"理性"旨在突出核能事业安全与发展之间的辩证关系；"协调"旨在阐明核安全领域国家自主与国际合作的关系；"并进"旨在阐明 4 个方面的并重：发展和

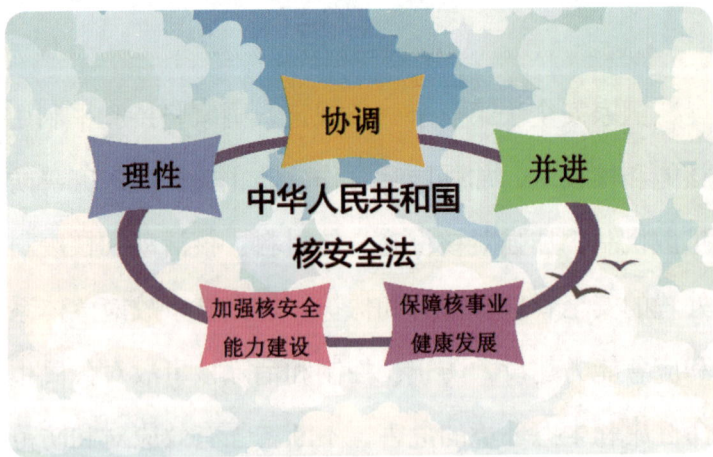

我国的核安全观

安全并重，权利和义务并重，自主和协作并重，治标和治本并重。全面系统推进核安全进程，是我国核安全观的核心要义。

> **延伸阅读**　**福岛核事故**

2011 年 3 月 11 日，一场特大地震和随之而来高达 17 米的海啸，引发了日本东京电力公司运营的福岛第一核电站的核泄漏。核事故发生后，日本政府将福岛核电站周边占福岛县面积约 10% 的区域划为避难区，这一区域内辐射水平严重超标。核事故让原本物产丰饶、环境优美之地变得令人生畏，至今依然有大片土地被划为"禁区"。2012 年，日本原子能安全保安院根据国际核事件分级表将福岛核事故定为 7 级，与 20 世纪 80 年代的切尔诺贝利核事故等级相同。

91　维护海外利益安全的法定要求是什么？

国家安全法第三十三条规定，国家依法采取必要措施，保护海外中国公民、组织和机构的安全和正当权益，保护国家的海外利益不受威胁和侵害。

92 如何理解维护海外利益安全的重要意义？

海外利益是新时期我国发展和安全利益的重要组成部分。在我国加快建立开放型经济新体制的背景下，我国的海外利益涵盖经济、资源、文化等多个领域，并由纯粹的地理空间拓展到国际制度层面，已经成为密切我国与外部世界关系的重要因素、关系国计民生的重大议题。海外利益能否得到有效维护事关国家发展和安全大局，必须从战略高度和全局视野认识这项工作的重要意义。

> **▶ 相关知识 怎么看海上通道的重要性？**
>
> 海上通道是中国对外贸易和进口能源的主要途径，保障海上航行自由安全至关重要。例如，我军

首个海外基地——驻吉布提保障基地，位于有"海上咽喉"之称的曼德海峡，有助于保障我国海上通道的安全。自2017年8月开营以来，该基地积极提供国际公共安全产品，通过多种方式造福当地百姓。

中国人民解放军驻吉布提保障基地

93 我国海外利益面临哪些主要威胁？

我国海外利益面临国际和地区动荡、恐怖主义、

101

海盗活动等现实威胁，驻外机构、海外企业及人员多次遭到袭击。

> **延伸阅读** 海外同胞安全回家，"一个都不能少"
>
> 2015年3月26日，沙特等国对也门胡塞武装组织

有一种幸福，叫"抓紧阿姨的手"。图为2015年3月中国海军第十九批护航编队临沂舰抵达也门亚丁港，女舰员帮助撤离的儿童登舰（新华社发　熊利兵/摄）

突然发起"决战风暴"军事行动，600 余名在也门中国公民面临严峻安全威胁。在党中央、国务院的统一领导部署下，我国动用海军护航编队 5 艘次舰艇，首次直接靠泊交战区域港口，分批成功撤出 620 多名中国公民，并协助其他 15 个国家 270 多名外国公民安全撤离。此次撤侨行动是我国首次以军舰为主要运输工具、以军事力量为重要依托的维护国家海外利益的成功尝试。

94　生物安全的重要意义是什么？

生物安全问题已经成为全世界、全人类面临的重大生存和发展威胁之一，生物安全已成为国家安全的新疆域、国际竞争的新高地和全球治理的新课题，必须从保护人民健康、保障国家安全、维护国家长治久安的高度，把生物安全纳入国家安全体系。

> **相关知识**　　人与自然的完美关系

　　我们要对大自然保持一颗敬畏之心，用实际行动去维系好野生动物与人类和谐共处的完美关系。放过野生动物，不仅仅是保护它们，更是保护人类自己。

人与自然和谐相处

95 **维护生物安全有哪些主要任务?**

保护生物资源，促进生物技术健康发展，防范生物威胁。

> **相关知识** **突如其来的一场非典事件**

截至 2003 年 8 月 7 日全球累计非典病例

国家/地区	病例	死亡
中国内地	5327	349
中国香港	1755	300
中国台湾	665	180
加拿大	251	41
新加坡	238	33
越南	63	5
其他	123	11
总计	8422	919

数据来源：新华社。

2002 年底暴发的非典，短短几个月演变成一次肆虐全球的传染病疫潮。到 2003 年中，疫情逐渐被消灭。战胜非典后，我国公共卫生领域开始明显转变观念。

保障国门生物安全

> **相关知识 不做外来生物的"搬运工"**

一段时期以来，国际上高致病性禽流感、口蹄疫、疯牛病、马铃薯甲虫等疫情呈高发趋势，一次次敲响国门生物安全防线的警钟。随着经济全球化程度不断深入，快件、跨境电商、国际服务贸易等新业态的发展，人流、物流形式更加多样，疫病疫情传播载体渠道更加复杂，外来有害物种和有害生物入侵风险加剧，不少民众对相关法律法规和相关危害了解不足，不经意间就成为了外来生物的"搬运工"、动植物疫情的"二传手"。

我国决定把生物安全纳入国家安全体系

96　维护新型领域安全的任务是什么？

国家安全法第三十二条规定，国家坚持和平探索和利用外层空间、国际海底区域和极地，增强安全进出、科学考察、开发利用的能力，加强国际合作，维护我国在外层空间、国际海底区域和极地的活动、资产和其他利益的安全。

> **相关知识** 太空——中国"战略新边疆"

太空是国际战略竞争制高点，太空安全是国家建设和社会发展的战略保障。着眼和平利用太空，中国积极参与国际太空合作，加快发展相应的技术和力量，统筹管理天基信息资源，跟踪掌握太空态势，保卫太空资产安全，提高安全进出、开放利用太空能力。

天宫一号——中国首个自主研制的载人空间实验室平台

❯ 相关知识　"极地密码"

在地球的南北两极，深藏着关乎地球气候与环境变迁的自然密码，维系着全球能量循环、水循环和物质输送，是全球环境变化和地球系统科学研究的前沿阵地，同时也是全球治理以及国际合作的重要领域。作为南极条约协商国和北极理事会观察员国，我国踊跃参与国际极地事务，积极开展对外交流与合作，为人类和平利用极地作出新贡献。

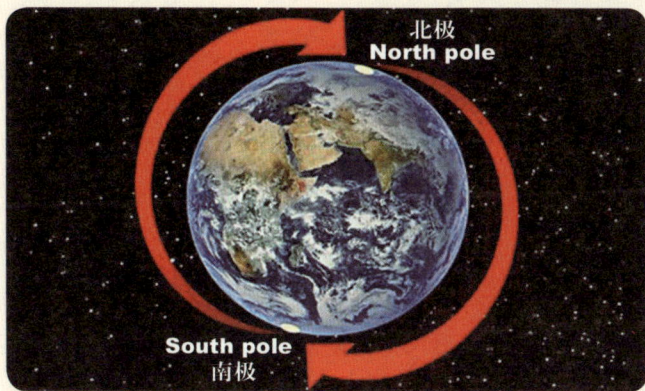

❯ 相关知识　"国际海底"面面观

国际海底是指国家管辖海域范围（领海、专属经济区和大陆架）以外的海床和洋底及其底土。国家对超出 200 海里的外大陆架仍具有管辖权，国际海底应全属于深海的范畴，构成了深海海底的主要部分。国际海底的战略地位根植于其广阔的空间和丰富的资源，它为人类提供了巨大的利益前景。为规范国际海底事务，在形成专门的国际法律制度基础上，也设立了专门管理机构——国际海底管理局。2016 年 2 月，我国全国人大常委会审议通过了深海海底区域资源勘探开发法。

篇三

推动形成维护国家安全强大合力

国泰民安是人民群众最基本、最普遍的愿望。实现中华民族伟大复兴的中国梦，保证人民安居乐业，国家安全是头等大事。要以设立全民国家安全教育日为契机，以总体国家安全观为指导，全面实施国家安全法，深入开展国家安全宣传教育，切实增强全民国家安全意识。要坚持国家安全一切为了人民、一切依靠人民，动员全党全社会共同努力，汇聚起维护国家安全的强大力量，夯实国家安全的社会基础，防范化解各类安全风险，不断提高人民群众的安全感、幸福感。

——习近平 2016 年 4 月 10 日在首个全民国家安全教育日到来之际作出的重要指示

97 国家安全领导体制是什么？

国家安全工作攸关党的执政兴国、民族振兴和人民幸福，需要发挥党总揽全局、统筹协调的作用。为此，国家安全法第四条规定，坚持中国共产党对国家安全工作的领导，建立集中统一、高效权威的国家安全领导体制。第五条规定，中央国家安全领导机构负责国家安全工作的决策和议事协调，研究制定、指导

全面贯彻落实总体国家安全观

实施国家安全战略和有关重大方针政策，统筹协调国家安全重大事项和重要工作，推动国家安全法治建设。

98 维护国家安全工作的基本原则是什么?

国家安全法明确了维护国家安全工作的基本原则，包括：坚持法治和保障人权原则；坚持维护国家安全与经济社会发展相协调、统筹各领域安全原则；坚持促进共同安全原则；坚持预防为主、标本兼治，专门工作与群众路线相结合原则。

99 为什么说维护国家安全是一项神圣事业?

我国宪法第五十四条规定，中华人民共和国公民有维护祖国的安全、荣誉和利益的义务，不得有危害祖国的安全、荣誉和利益的行为。国家安全法第十一条规定，中华人民共和国公民、一切国家机关和武装力量、各政党和各人民团体、企业事业组织和其他社会组织，都有维护国家安全的责任和义务。中国的主权和领土完整不容侵犯和分割。维护国家主权、统一和领土完整是包括港澳同胞和台湾同胞在内的全中国人民的共同义务。

> **相关知识　国家安全，关乎你我**
>
> 　　家事国事天下事，国家安全是头等大事。任何时候，国家安全都是老百姓最"稳"的幸福。国家越安全，人民就越有安全感；人民越有安全意识，国家安全也就越有依靠。

> **延伸阅读　复兴路上的"朝阳群众""西城大妈"**
>
> 　　2000多万人的首都北京，有着两大响当当的"神秘组织"，声名远播、屡建奇功。习近平总书记在

国家安全是国家发展的最重要基石 人民福祉的最根本保障

维护国家安全没有"局外人"每个人都应该参与其中贡献一份力量

国家安全，关乎你我

2017年视察北京时，专门提到了"朝阳群众""西城大妈"。他说："人民城市人民建、人民管，光靠政府力量不够。北京有自己的好传统，如'朝阳群众''西城大妈'，哪里多一些红袖章，哪里就多一份安全、多一份安心。"从中轴线往东看，"朝阳群众"举报犯罪、排查隐患，耳聪目明、正义感爆棚；往西看，"西城大妈"为民服务、邻里守望，成为西城志愿服务的金字品牌。重大活动中，他们走上街头巷尾，放哨站岗，红马甲、红袖标、红帽子是标志性的"三红"；日常生活中，他们的身影随处可见，就在我们的身边。

人民城市人民建、人民管（图片来自北京市公安局）

100　中央国家机关各部门的国家安全工作职责是什么？

国家安全法第三十九条规定，中央国家机关各部门按照职责分工，贯彻执行国家安全方针政策和法律法规，管理指导本系统、本领域国家安全工作。

101 地方在维护国家安全中的职责是什么？

国家安全法第四十条规定，地方各级人民代表大会和县级以上地方各级人民代表大会常务委员会在本行政区域内，保证国家安全法律法规的遵守和执行。地方各级人民政府依照法律法规规定管理本行政区域内的国家安全工作。香港特别行政区、澳门特别行政区应当履行维护国家安全的责任。

> **相关知识** 《党委（党组）国家安全责任制规定》
>
> 2018 年 4 月 17 日，十九届中央国家安全委员会第一次会议审议通过了《党委（党组）国家安全责任制规定》，明确了各级党委（党组）维护国家安全的主体责任，要求各级党委（党组）加强对履行国家安全职责的督促检查，确保党中央关于国家安全工作的决策部署落到实处。

习近平主持召开十九届中央国家安全委员
会第一次会议

102　国家安全法规定了哪些国家安全制度和机制？

国家安全法规定的相关制度和机制有：一是统分结合、协调高效的国家安全制度与工作机制，包括建立工作协调、督促检查和责任追究、跨部门会商、协同联动、决策咨询等机制；二是情报信息制度；三是风险预防、评估和预警制度；四是审查监管制度；五是危机管控制度；六是国家安全战略的制定、实施和监督制度；七是建立健全国家安全保障体系，增强维护国家安全能力。

103 维护国家安全我们应该怎么做？

国家安全法第七十七条规定，公民和组织应当履行下列维护国家安全的义务：一是遵守宪法、法律法规关于国家安全的有关规定；二是及时报告危害国家安全活动的线索；三是如实提供所知悉的涉及危害国家安全活动的证据；四是为国家安全工作提供便利条件或者其他协助；五是向国家安全机关、公安机关和有关军事机关提供必要的支持和协助；六是保守所知悉的国家秘密；七是法律、行政法规规定的其他义务。任何个人和组织不得有危害国家安全的行为，不得向危害国家安全的个人或者组织提供任何资助或者协助。

104　公民在维护国家安全中有哪些权利？

国家安全法第八十条规定，公民和组织支持、协助国家安全工作的行为受法律保护。因支持、协助国家安全工作，本人或者其近亲属的人身安全面临危险的，可以向公安机关、国家安全机关请求予以保护。公安机关、国家安全机关应当会同有关部门依法采取保护措施。国家安全法第八十二条规定，公民和组织对国家安全工作有向国家机关提出批评建议的权利，对国家机关及其工作人员在国家安全工作中的违法失职行为有提出申诉、控告和检举的权利。

❯ 相关知识　国家给予的安全感——"我是中国人"

　　"安全"已经成为中国的新名片。党的十九大报告强调，要使人民获得感、幸福感、安全感更加充实、更有保障、更可持续。而其中安全感一词更成为当下国民极为关心的大事。2016 年 7 月，一位 20 多岁的中国学生说，生活中的安全感，是一种等价交换；但是国家层面的安全感，抛开个人因素不谈，是只因为享有国民身份，就可以免受漂泊、免于恐惧。

有一种信念叫祖国带你回家

105 国家机关工作人员需注意哪些国家安全法律责任?

国家安全法第十三条规定，国家机关工作人员在国家安全工作和涉及国家安全活动中，滥用职权、玩忽职守、徇私舞弊的，依法追究法律责任。

106　为什么说开展国家安全宣传教育正当其时？

患生于所忽，祸起于细微。历史一再启示我们，没有意识到风险本身就是最大的风险，越是前景光明，越是要增强忧患意识。当前，有关方面做了一定的国家安全知识宣传与普及工作，但是总体国家安全观的社会知晓度和覆盖面仍有待提升，全社会国家安全意识薄弱的现象并未完全改观。

107　全民国家安全教育日的由来是什么？

国家安全法第十四条规定，每年 4 月 15 日为全民国家安全教育日。2014 年 4 月 15 日，习近平总书记主持召开中央国家安全委员会第一次会议，首次提出了总体国家安全观。这是我国国家安全工作中的一件大事，也是党和国家事业发展中的一件大事。4 月 15 日，是一个具有重要里程碑意义的日子，为此将其确立为全民国家安全教育日。

4 月 15 日——全民国家安全教育日

国家安全，人人有责

108　首个全民国家安全教育日活动是何时举办的?

2016 年 4 月 15 日。在首个全民国家安全教育日到来之际,习近平总书记就加强全民国家安全教育作出重要指示,为坚持以总体国家安全观为指导,推进全民国家安全教育常态化指明了方向。

习近平在首个全民国家安全教育日到来之际作出重要指示

109　怎样推进大有可为的新时代学校国家安全教育?

2018 年 4 月,教育部印发《关于加强大中小学国家安全教育的实施意见》,明确了 8 项重点工作:一是构建完善国家安全教育内容体系;二是研究开发国家安全教育教材；三是推动国家安全学学科建设；四是改进国家安全教育教学活动；五是推进国家安全教育实践基地建设；六是丰富国家安全教育资源；七是加强国家安全教育师资队伍建设；八是建立健全国家安全教育教学评价机制。

110 深入开展国家安全宣传教育的有关要求是什么？

国家安全法第七十六条规定，国家加强国家安全新闻宣传和舆论引导，通过多种形式开展国家安全宣传教育活动，将国家安全教育纳入国民教育体系和公务员教育培训体系，增强全民国家安全意识。

> ❯ 延伸阅读 一位渔民的国家安全意识

黄运来是海南岛上的一位渔民，2012 年在近海捕鱼的时候捞到一枚"鱼雷"。黄运来当场用手机拍下照片，发给了海南省国家安全厅的工作人员。经查，它是一个缆控水下机器人，造型轻便，性能先进，功能强大，既能搜集我重要海域内各类环境数据，又能探测获取我海军舰队活动动向，实现近距离侦察和情报收集。这警示我们，所有公民和组织都应该提高维护国家安全的意识，肩负起维护国家安全的责任。

国家安全教育在各地开展

视 频 索 引

编辑统筹：张振明

责任编辑：张振明　段海宝　池　溢

　　　　　朱云河　刘敬文　余　平

责任校对：吴容华　吕　飞

图书在版编目（CIP）数据

国家安全知识百问/《国家安全知识百问》编写组 . —北京：
人民出版社，2020.4

ISBN 978－7－01－021978－3

I. ①国⋯　II. ①国⋯　III. ①国家安全－中国－问题－解答
IV. ① D631－44

中国版本图书馆 CIP 数据核字（2020）第 045742 号

国家安全知识百问

GUOJIA ANQUAN ZHISHI BAIWEN

本书编写组

人民出版社 出版发行
（100706　北京市东城区隆福寺街 99 号）

北京盛通印刷股份有限公司印刷　新华书店经销

2020 年 4 月第 1 版　2020 年 4 月北京第 1 次印刷
开本：880 毫米 ×1230 毫米 1/32　印张：4.5
字数：40 千字

ISBN 978－7－01－021978－3　定价：20.00 元

邮购地址 100706　北京市东城区隆福寺街 99 号
人民东方图书销售中心　电话（010）65250042　65289539